TIMOTHY
KELLER

La LIBERTAD *de* OLVIDARSE *de* UNO MISMO

EL CAMINO AL
VERDADERO GOZO CRISTIANO

Tim Keller sabe que la libertad personal solo se encuentra al mirarte desde el punto de vista estratégico de la persona y la obra del Señor Jesucristo. Lee y experimenta esa libertad en carne propia.

PAUL DAVID TRIPP
Presidente de Paul Tripp Ministries

En este librito tan útil, el Dr. Keller pinta una imagen convincente de una persona verdaderamente humilde de acuerdo al evangelio, la cual está tan cautivada con su Señor que se ve libre de la necesidad constante de pensar en sí misma. Esto nos desafió, y nuestra oración es que también te desafíe a ti.

CHRISTOPHER Y CAROLYN ASH
The Cornhill Training Course, Londres

Una obra excelente. Es un libro verdaderamente liberador para cualquiera al que le preocupe lo que los demás piensan de él, o que haya tenido un conflicto. Encontrarás una explicación sobre tu vida, y el camino a la libertad.

TIM CHESTER
Autor y director de The Porterbrook Institute

TIMOTHY
KELLER

La LIBERTAD *de* OLVIDARSE *de* UNO MISMO

EL CAMINO AL
VERDADERO GOZO CRISTIANO

La libertad de olvidarse de uno mismo:
El camino al verdadero gozo cristiano

B&H Publishing Group
Brentwood, TN 37027

Diseño de portada: B&H Español

Clasificación Decimal Dewey: 155.2

Clasifíquese: VIDA CRISTIANA \ AUTO-ACEPTACIÓN \ AUTO-CONFIANZA

ISBN: 978-1-0877-7381-0

Impreso en EE. UU.
4 5 6 7 8 * 30 29 28 27 26

Índice

La libertad de olvidarse de uno mismo

¿Cuáles son las marcas de un corazón que ha sido radicalmente transformado por la gracia de Dios? Si confiamos en Cristo, ¿cómo debería ser nuestro corazón? No se trata tan solo de una conducta moralmente virtuosa. Se puede hacer toda clase de cosas llenas de virtud moral, mientras el corazón está repleto de temor, orgullo o un deseo de poder. Nos referimos a un corazón que ha sido cambiado, desde la raíz, por la gracia de Dios, y cómo se traduce eso a la vida real.

Nos concentraremos en una sección de la primera carta de Pablo a los corintios: 1 Corintios 3:21–4:7.

Así que nadie se jacte en los hombres, porque todo es vuestro: ya sea Pablo, o Apolos, o Cefas, o el mundo, o la vida, o la muerte, o lo presente, o lo por venir, todo es vuestro, y vosotros de Cristo, y Cristo de Dios. Que todo hombre nos considere de esta manera: como servidores de Cristo y administradores de los misterios de Dios. Ahora bien, además se requiere de los administradores que cada uno sea hallado fiel. En cuanto a mí, es de poca importancia que yo sea juzgado por vosotros, o por cualquier tribunal humano; de hecho, ni aun yo me juzgo a mí mismo. Porque no estoy consciente de nada en contra mía; mas no por eso estoy sin culpa, pues el que me juzga es el Señor. Por tanto, no juzguéis antes de tiempo, sino esperad hasta que el Señor venga, el cual sacará a la luz las cosas ocultas en las tinieblas y también pondrá de manifiesto los designios de los corazones; y entonces cada uno recibirá su alabanza de parte de Dios. Esto, hermanos, lo he aplicado en sentido figurado a mí mismo y a Apolos por amor a vosotros, para que en nosotros aprendáis a no sobrepasar lo que está escrito, para que ninguno de vosotros se vuelva arrogante a favor del uno contra el otro. Porque ¿quién te distingue? ¿Qué tienes que no recibiste? Y si lo recibiste, ¿por qué te jactas como si no lo hubieras recibido? 1 Corintios 3:21–4:7

La iglesia de Corinto estaba llena de división. Originalmente, Pablo la había plantado. Pero, tal como vemos en las referencias a Apolos y Cefas, otros evangelistas habían llegado a Corinto más adelante. Como resultado, distintas personas tenían conexión con distintos ministros prominentes. Así que a uno lo guiaba y lo discipulaba Pablo, a otro lo guiaba y lo designaba como líder Apolos (otro excelente maestro), etc. Pero, en vez de que todos estuvieran contentos con su relación con Pablo o con Apolos, estas relaciones eran ahora una plataforma para maniobras ofensivas. Habían surgido partidos y divisiones que destruían la iglesia. Uno argumentaba que debía ser el líder porque era discípulo de Pablo, *San Pablo*. Y otro afirmaba tener una relación particular con algún otro ministro prominente. Y así seguía la cosa.

En este pasaje, Pablo muestra que la raíz de la división es el *orgullo* y la *jactancia.* Esa es la razón por la cual no podemos llevarnos bien, la razón por la cual no hay paz en el mundo y por la cual no podemos vivir en paz unos con otros. Veámoslo más de cerca. El versículo 21 empieza diciendo: «que nadie se jacte»; el capítulo 4:7 dice: «¿por qué te jactas...?»; y observa el versículo 6 especialmente, donde el apóstol insta a que «ninguno [...] se vuelva arrogante a favor del uno contra el otro».

«Nada de orgullo, nada de jactarse», dice Pablo. Entonces, lo que buscamos es el rasgo de la humildad. Y eso significa que nos metemos en el tema sumamente interesante de la autoestima.

Hasta el siglo XX, las culturas tradicionales (y esto sigue siendo cierto en cuanto a la mayoría de las culturas del mundo) siempre creyeron que una visión demasiado alta de uno mismo era la causa de todo el mal en el mundo. ¿Cuál es la razón de gran parte del crimen y la violencia en el mundo? ¿Por qué hay personas que son abusadas? ¿Por qué la gente es cruel? ¿Por qué las personas hacen cosas malas? Tradicionalmente, la respuesta era *hubris*, la palabra griega que significa orgullo o una visión demasiado elevada de uno mismo. Tradicionalmente, esa era la razón dada por la mala conducta de las personas.

Pero, en nuestra cultura occidental moderna, hemos desarrollado un consenso cultural absolutamente opuesto. La base de la educación contemporánea, la manera en que tratamos a los prisioneros encarcelados, el fundamento de la mayoría de la legislación moderna y el punto de partida para la consejería moderna es exactamente lo opuesto del consenso tradicional. Nuestra convicción hoy —y está profundamente arraigada en todo— es que las personas se comportan mal por una falta de autoestima, y porque tienen una visión demasiado baja de sí mismas. Por ejemplo, la razón por la cual los esposos golpean a sus esposas y por la cual hay criminales es que estas personas tienen una visión demasiado baja de sí mismas. Antes, se solía pensar que esto era porque tenían una visión demasiado alta de sí mismas, y demasiada autoestima. Ahora, decimos que se debe a que tienen una autoestima demasiado baja.

Hace unos años, salió un artículo en la revista del *New York Times*, escrito por la psicóloga Lauren Slater, titulado: «*The Trouble with Self-Esteem*» [El problema de la autoestima]. No fue un artículo pionero ni algo completamente inesperado. Sencillamente, Slater estaba empezando a informar algo que los expertos han sabido durante años. Lo más significativo que decía es que no hay evidencia de que una baja autoestima sea un problema importante en la sociedad. La autora cita tres estudios actuales sobre el tema de la autoestima, los cuales llegan a esta conclusión, y afirma que «las personas con mucha autoestima representan una mayor amenaza para aquellos que las rodean que las personas con baja autoestima, y sentirse mal respecto a uno mismo no es la fuente de los problemas sociales más grandes y costosos de nuestro país».[1]

Sería divertido explicar cómo funciona eso y por qué. Pero, por ahora, digamos simplemente que tiene razón cuando afirma que nos llevará años y años aceptar esto. En nuestra psiquis está sumamente arraigado que una *falta* de autoestima es la razón detrás de las adicciones a las drogas, del crimen, de la violencia familiar, etc. Slater dice que llevará muchísimo tiempo que cambie esta visión.

Verás, la realidad es que la «teoría de la mala conducta debida a una baja autoestima» es muy atractiva. No hace falta hacer ningún juicio moral para abordar los problemas de la sociedad. Lo único que hay que hacer es apoyar a las personas y levantarles la moral. En culturas tradicionales, ¡la manera de tratar estas cuestiones era reprimir a las personas, convencerlas del error y decir que eran malas!

Lo intrigante sobre este pasaje de 1 Corintios es su enfoque sobre la percepción personal, un enfoque al yo y a la manera de vernos a nosotros mismos que es absolutamente distinto tanto al de las culturas tradicionales como al de las contemporáneas de la modernidad/posmodernidad. Absolutamente distinto.

Las tres cuestiones que Pablo nos muestra aquí son:

1. **La condición natural del ego humano.**
2. **Un sentido de identidad transformado** *(que Pablo había descubierto y que puede llegar a través del evangelio).*
3. **Cómo obtener esa identidad transformada.**

Notas

[1] Lauren Slater, *The Trouble with Self-Esteem* [El problema de la autoestima], revista *The New York Times,* 3 de febrero de 2002

1

La condición natural del ego humano

En el versículo 6, Pablo insta a los corintios a no jactarse más de una persona que de otra. Nada nuevo, podríamos pensar. Por supuesto que el orgullo es algo inadecuado. Pero debemos entender que la palabra que usa Pablo aquí para «orgullo» no es el vocablo normal, *hubris*, sino *physioō*. Es una palabra inusual. Pablo la utiliza aquí y otras cinco veces en este libro particular, y una vez en Colosenses 2. No se encuentra en ninguna otra parte de la Biblia, y solo Pablo la usa. Muchos comentaristas ahora se dan cuenta de que es un tema especial de Pablo.

Al usar esta palabra en particular, Pablo está intentando enseñarles a estos corintios algo sobre el ego humano. Esta palabra usada aquí para orgullo significa literalmente estar demasiado inflado, hinchado o distendido más allá del tamaño correcto. Se relaciona con la palabra para «fuelle». Es sumamente evocativa. Trae a la mente una imagen más bien dolorosa de un órgano del cuerpo humano, un órgano que se distiende porque se ha llenado de mucho aire. Tanto aire que está demasiado inflado y a punto de explotar. Está hinchado, inflamado y extendido más allá de su tamaño normal. Y esa, según Pablo, es la condición natural del ego humano.

Como es una metáfora tan evocativa e interesante, creo que debemos reflexionar en la imagen y en lo que Pablo está intentando decir. Tal vez podría expresarlo de la siguiente manera. Creo que la imagen sugiere cuatro cuestiones sobre la condición natural del ego humano: que está vacío, que es doloroso, que está ocupado y que es frágil.

En primer lugar, *vacío.* La imagen señala que hay un vacío en el centro del ego humano. El ego que está demasiado inflado no tiene nada en el centro. Está vacío.

En su libro *La enfermedad mortal,* Søren Kierkegaard dice que el estado normal del corazón humano es intentar construir su identidad alrededor de algo que no sea Dios.[1] El orgullo espiritual es la ilusión de que somos tan competentes como para llevar adelante nuestra vida, alcanzar nuestro propio sentido de valía y encontrar un propósito lo suficientemente grande como para darnos significado en la vida aparte de Dios. Søren Kierkegaard afirma que el ego humano normal se construye sobre algo que no sea Dios. Busca algo que le dé un sentido de valor, una cualidad especial y una sensación de propósito, y se edifica sobre eso. Y, por supuesto, como se nos suele recordar, si intentamos colocar algo en el medio del lugar que fue hecho originalmente para Dios, encontraremos que es demasiado pequeño. Va a terminar haciendo ruido ahí. Así que, en primera instancia, el ego humano es vacío.

Y, en segundo lugar, también es *doloroso.* Un ego distendido y demasiado inflado es doloroso.

¿Alguna vez pensaste en que no eres consciente de tu cuerpo hasta que algo falla? Cuando estamos caminando, no solemos pensar en la sensación fantástica que nos producen los dedos del pie. O en lo increíblemente bien que funcionan nuestros codos hoy. Tan solo lo pensaríamos si anteriormente no hubieran funcionado como corresponde. Esto se debe a que las partes de nuestro cuerpo solo llaman la atención si algo anda mal en ellas.

El ego suele doler. Esto se debe a que algo anda terriblemente mal en él. Hay una falla fatal. Siempre está llamando la atención sobre sí mismo; lo hace todos los días. Siempre nos está haciendo pensar en cómo nos vemos y cómo nos tratan. A veces, las personas dicen que han herido sus sentimientos. ¡Pero nuestros sentimientos no se pueden lastimar! Lo que duele es el ego: mi yo, mi identidad. ¡Nuestros sentimientos están bien! Lo que duele es mi ego.

Caminar no me daña los dedos del pie, a menos que ya haya algo que no esté funcionando bien ahí. Mi ego no dolería si no hubiera algo que está andando terriblemente mal ahí. Piénsalo. Es sumamente difícil atravesar todo un día sin sentirse despreciado, ignorado o estúpido, o sin echarse abajo a uno mismo. Esto se debe a que algo anda mal con mi ego. Algo anda mal con mi identidad. Algo anda mal con mi yo. Nunca está contento. Está siempre llamando la atención sobre sí mismo.

Así que, en primer lugar, está vacío. En segundo lugar, como se parece a un estómago hinchado y distendido, también es doloroso. Y en tercer lugar, el ego está increíblemente *ocupado*. En otras palabras, siempre está llamando la atención sobre sí mismo. Está sumamente ocupado intentando llenar el vacío. Y está sumamente ocupado haciendo dos cosas en particular: comparando y jactándose.

Se pueden ver ambas cosas en el pasaje. Antes que nada, observemos en el versículo 6 que no hay un punto después de la palabra «arrogante». Pablo no dice «para que ninguno de vosotros se vuelva arrogante». No. Dice: «Para que ninguno de vosotros se vuelva arrogante a favor del uno contra el otro». Esa es la esencia misma de lo que significa tener un ego humano normal. La manera en que el ego humano normal intenta llenar su vacío y lidiar con su malestar es compararse con otras personas. Todo el tiempo.

En su famoso capítulo sobre el orgullo en *Mero cristianismo*, C. S. Lewis señala que el orgullo es, por naturaleza, competitivo. La competitividad es algo central en el orgullo.

El orgullo no obtiene placer en la posesión de algo, sino tan solo en poseer más de eso que otra persona. Decimos que las personas están orgullosas de ser ricas, o inteligentes o bien parecidas, pero no es así. Están orgullosas de ser más ricas, o más inteligentes o mejor parecidas que otros. Si todos se volvieran igualmente ricos, inteligentes o bien parecidos, no habría nada de lo cual enorgullecerse.[2]

En otras palabras, solo estamos orgullosos de ser más exitosos, más inteligentes o más atractivos que otra persona, y cuando estamos en presencia de alguien que es más exitoso, inteligente y atractivo que nosotros, dejamos de deleitarnos en lo que teníamos. Esto se debe a que, en realidad, no nos producía ningún deleite. Estábamos orgullosos de eso. Como lo expresa Lewis, el orgullo es el placer de tener más que otra persona. El orgullo es el placer de ser más que otra persona. La lujuria tal vez lleve a un hombre a acostarse con una mujer hermosa... pero, al menos, lo lleva a desear *a la mujer.* El orgullo lleva a un hombre a acostarse con una mujer hermosa solo para probar que puede hacerlo, y para probar que puede ganarles a otros y lograrlo. El orgullo destruye la habilidad de deleitarse realmente en ella.

Cuando estaba en la escuela, mi madre siempre decía cosas como: «¿Sabes, cariño? Deberías unirte al club de ajedrez». Yo respondía: «Mamá, detesto el ajedrez». «Ya lo sé —replicaba—, pero quedaría tan bien en tu solicitud para la universidad». Y volvía a intentarlo. «¿No alimentan a los desamparados en el centro todos los domingos por la mañana? ¿Por qué no te ofreces como voluntario para eso?». «Mamá —respondía—, detesto esa clase de cosas». Y obtenía la misma respuesta: «Lo sé, cariño, pero quedaría tan bien en tu solicitud para la universidad». Así que, mientras estaba en la escuela, hice toda clase de cosas que no me interesaban en absoluto. Sencillamente, estaba armando un currículum. Eso es lo que hace nuestro ego constantemente. Realizar un trabajo que no nos gusta, hacer una dieta que padecemos. Hacemos toda clase de cosas, no por el placer de hacerlas, sino porque estamos intentando armar un currículum vitae impresionante. Al compararnos con otras personas e intentar vernos mejor que otros, nos estamos jactando. Estamos intentando recomendarnos, crear un currículum de autoestima, porque estamos desesperados por suplir nuestra sensación de insuficiencia y nuestro vacío. El ego está muy ocupado. Ocupadísimo, todo el tiempo.

Y por último, además de vacío, doloroso y ocupado, el ego es *frágil*. Esto se debe a que cualquier cosa que está inflada más allá de su capacidad corre el peligro inminente de desinflarse... como un globo demasiado inflado.

Si estamos llenos de aire en lugar de algo sólido, entonces estar demasiado inflados o desinflados se reduce a lo mismo. Un complejo de superioridad y un complejo de inferioridad son esencialmente lo mismo. Ambos son resultado de estar demasiado inflados. La persona con un complejo de superioridad está demasiado inflada y corre peligro de desinflarse; la persona con un complejo de inferioridad ya se desinfló. Alguien con un complejo de inferioridad te dirá que se detesta y se dirá a sí misma que se aborrece. Está desinflada. Pero para estar desinflado, en algún momento tuviste que estar inflado. Desinflado o en peligro inminente de desinflarte; es todo lo mismo. Y esto hace que el ego sea sumamente frágil.

Vacío, doloroso, atareado y, por lo tanto, frágil. Permíteme darte un ejemplo perfecto de esto. No estoy intentando mostrarla como alguien peor que otras personas; para nada. En realidad, muestra una enorme cantidad de conciencia propia, y la admiro mucho. Pero si quieres un ejemplo perfecto de lo que estoy diciendo, aquí tienes un extracto de una entrevista con Madonna en la revista *Vogue* de hace un tiempo, en la que hablaba de su carrera. Esto fue lo que dijo:

Mi motivación en la vida viene de un temor a ser mediocre. Eso siempre me impulsa. Me abro paso a través de un período así y descubro que soy un ser humano especial, pero después, siento que sigo siendo mediocre y poco interesante a menos que haga otra cosa. Porque, aunque me he transformado en alguien importante, todavía tengo que probar que soy alguien importante. Mi lucha nunca terminó, y sospecho que jamás lo hará.

Te diré algo: Madonna se conoce mejor de lo que la mayoría se conoce a sí mismo. Cada vez que logra algo, esta es la clase de pensamiento que tiene: «Ahora tengo el veredicto de que soy alguien importante. Pero al día siguiente me doy cuenta de que, a menos que siga adelante, no lo soy. Es imposible satisfacer a mi ego. Mi sentido de identidad, mi deseo de valor propio, mi necesidad de estar segura y de ser alguien... nada de eso se satisface. Continuamente, pienso que lo obtuve de lo que las personas han dicho sobre mí y de lo que las revistas y los periódicos han escrito. Pero, al día siguiente, tengo que ir y buscar en otra parte. ¿Por qué? Porque mi ego es insaciable. Es un agujero negro. No importa cuánto le añada, el aparador está vacío. Continuamente agrego toda clase de cosas allí cada mañana, alimentándolo, pero a la noche siguiente está vacío. Me he transformado en alguien importante, pero todavía necesito transformarme en alguien importante». Tal vez nos veamos tentados a pensar que es algo neurótica. No: se conoce a sí misma. Está más avanzada que muchos de nosotros.

Ese es el estado normal del yo humano. A esto se refería Pablo cuando les hablaba a los corintios. Toda esta gente que estaba peleando por él y alegando una relación especial con él mostraba una tremenda cantidad de orgullo. No podía disfrutar de conocer a Pablo. Tenía que usar su relación con él para competir con los demás en la iglesia.

Pablo quería que conocieran la diferencia que marca el evangelio y cómo este había transformado todo en su vida. Mira los versículos 3 y 4. El apóstol les muestra cómo el evangelio transformó su sentido de valía, su autoestima y su identidad. Ahora, su ego funcionaba de una manera completamente distinta.

Notas

[1] Søren Kierkegaard, *Sickness Unto Death* [La enfermedad mortal], Nueva York: Penguin, 1989

[2] C. S. Lewis, *Mere Christianity* [Mero cristianismo], San Francisco: HarperSanFrancisco, 2001

2

La visión transformada de uno mismo

Mira lo que Pablo dice. En los versículos 1 y 2, les recuerda que es un ministro y que tiene un trabajo para hacer. Pero después les dice que, con respecto a esa función, no le importa mucho si lo juzgan ellos o algún tribunal humano (vv. 3-4). La palabra traducida «juzgado» aquí tiene el mismo significado que «veredicto». Es aquello que anhela Madonna: ese veredicto o sello de aprobación tan esquivo. Pablo no mira a los corintios (ni a ningún tribunal humano) para el veredicto de que es alguien.

Así que lo que Pablo les decía a los corintios es que no le importaba lo que pensaran de él. No le importaba lo que *nadie* pensara de él. Es más, su identidad no le debía nada a lo que otros decían. Es como si declarara: «No me importa lo que piensan. No me importa lo que nadie piensa». El valor personal de Pablo, su autoestima o su identidad no estaban atados de ninguna manera al veredicto o la evaluación de ellos sobre él.

La identidad de Pablo tal vez no estaba atada a la opinión de otras personas, pero ¿cómo llegamos al punto de que no nos controle lo que los demás piensan de nosotros? ¿Cómo crees que llegamos ahí? La mayoría de las personas diría que es muy evidente. Prácticamente todos los consejeros que conozco dirían que no tiene que importar lo que los demás piensan de nosotros. Nos dirían que no debemos vivir según lo que dicen otras personas. No tendrían que ser *sus* normas las que cuentan. No debería importarnos lo que piensan de nosotros. Lo único que tendría que importarme es lo que yo pienso sobre mí. No se trata de los estándares de los demás. Lo único que debería importarme es aquello que creo que deberían ser mis estándares. Yo tengo que escoger mis propios estándares. Entonces, el consejo de los terapeutas sería: «Decide quién quieres ser, y selo», porque lo único que importa es lo que piensas de ti mismo.

Si alguien tiene un problema de baja autoestima, nuestro mundo moderno parece tener una única manera de abordarlo. El remedio es una autoestima alta. Le decimos a la persona que tiene que ver lo excelente que es, debe comprender lo maravillosa que es. Le decimos que mire todas las grandes cosas que ha logrado. Que deje de preocuparse por lo que las personas piensan de ella. Que tiene que establecer sus propios estándares y alcanzarlos, y que tiene que hacer su *propia* evaluación de sí misma.

El enfoque de Pablo no podría ser más diferente. Le importa muy poco si los corintios o cualquier otro tribunal humano lo juzgan. Pero después va un paso más allá: ni siquiera se juzga a sí mismo. Es como si dijera: «No me importa lo que ustedes piensan, pero tampoco me importa lo que *yo* pienso. Tengo una opinión muy baja de la opinión que tienen sobre mí, pero también tengo una opinión muy baja de *mi* opinión sobre mí». Que tenga la conciencia limpia no cambia nada. Mira con atención lo que dice en el versículo 4: «No estoy consciente de nada en contra mía; mas no por eso estoy sin culpa». Su conciencia tal vez esté limpia, pero sabe que, aun si tiene la conciencia limpia, eso no necesariamente significa que sea inocente. Hitler tal vez tenía la conciencia limpia, pero no significa que fuera inocente.

¿Qué le diría Pablo a alguien que lo instara a establecer sus propios estándares? Le diría que es una trampa. Una trampa en la cual él no caerá. Verás, es una trampa afirmar que no debemos preocuparnos por los estándares de los demás, sino por establecer los propios. Esa no es la respuesta. Mejorar nuestra autoestima al vivir según nuestros propios estándares o los de otra persona parece una solución excelente. El problema es que no funciona. No puede funcionar. Es imposible que esté a la altura de los estándares de mis padres; y eso me hace sentir terriblemente mal. Es imposible que esté a la altura de tus estándares; y eso me hace sentir terriblemente mal. Es imposible que esté a la altura de los estándares de la sociedad; y eso me hace sentir terriblemente mal. Es imposible que esté a la altura de los estándares de otras sociedades; y eso me hace sentir terriblemente mal. ¿Tal vez la solución sea establecer mis propios estándares? Pero tampoco puedo sostenerlos; y eso me hace sentir terriblemente mal, a menos que establezca estándares increíblemente *bajos.*

Entonces, ¿la solución sería establecer estándares bajos? Para nada. Eso me hace sentir muy mal, porque me doy cuenta de que soy la clase de persona que tiene estándares bajos. Intentar mejorar nuestra autoestima al tratar de estar a la altura de nuestros propios estándares o los de otra persona es una trampa. No es una respuesta.

Entonces, Pablo no mira a los corintios para encontrar su identidad. No acude a ellos para el veredicto de que es «alguien importante». No obtiene ese sentido de identidad de ellos. Pero tampoco lo obtiene de sí mismo. Sabe que intentar encontrar autoestima al vivir según ciertos estándares es una trampa. Ahora, empezamos a descubrir dónde Pablo encuentra ese sentido de identidad. ¡Cuidado! En este momento, se sale de nuestro mapa. Pasa a un territorio del cual no sabemos nada.

Pablo era un hombre de una talla increíble. Creo que sería difícil no aceptar que es uno de los seis o siete líderes más influyentes en la historia de la raza humana. Una de las personas más influyentes de la historia. Tenía mucho lastre, una influencia tremenda y una gran seguridad en sí mismo. Avanzaba y nada lo perturbaba. Sin embargo, en 1 Timoteo, declara: «Cristo Jesús vino al mundo para salvar a los pecadores, entre los cuales yo soy el primero» (1 Tim. 1:15). No dice yo *era* el primero, sino yo *soy* el primero. O «yo soy el peor». Esto no se encuentra en nuestros mapas. No estamos acostumbrados a que alguien con una seguridad increíble opine que es una de las peores personas. No estamos acostumbrados a alguien que es completamente sincero y consciente de toda clase de falla moral, y a su vez tiene un aplomo y una confianza maravillosos.

No podemos hacer lo mismo. ¿Sabes por qué? Porque nos estamos juzgando. Pero Pablo no hacía eso. Cuando dice que no permite que los corintios lo juzguen ni que él se juzga a sí mismo, está diciendo que conoce sus pecados pero que no los conecta consigo mismo ni con su identidad. Sus pecados y su identidad no están relacionados. Se niega a jugar a eso. No ve un pecado y permite que destruya su sentido de identidad. No está dispuesto a hacer esa conexión. Tampoco ve un logro y se felicita por ello. Ve toda clase de pecados en sí mismo (y toda clase de logros), pero se niega a conectarlos consigo mismo o con su identidad. Así que, aunque sabe que es el primero de los pecadores, eso no impedirá que haga aquello para lo cual fue llamado.

No podríamos ser más diferentes de Pablo. Si creo que soy una mala persona, no tengo nada de confianza en mí mismo. Si me considero un pecador, alguien lleno de orgullo, de lujuria, enojo, avaricia y todo aquello de lo que Pablo afirma estar lleno, no tengo seguridad. No, porque nos juzgamos a nosotros mismos. Establecemos nuestros propios estándares y después nos condenamos. El ego nunca se satisface de esa manera. ¡Nunca!

Lo que Pablo está diciendo es asombroso. «No me importa lo que ustedes piensan ni lo que yo pienso». Nos está llevando a un territorio del cual no sabemos nada. Su ego no está inflado, está lleno. Está hablando de humildad, aunque detesto usar la palabra «humildad» porque no tiene nada que ver con nuestra idea de humildad. Pablo dice que ha llegado a un lugar donde su ego no llama la atención sobre sí mismo más que cualquier otra parte de su cuerpo. Ha llegado al lugar donde no piensa más en sí mismo. Cuando hace algo malo o bueno, ya no lo conecta con él.

C. S. Lewis, en *Mero cristianismo,* hace una observación brillante sobre la humildad del evangelio, al final de su capítulo sobre el orgullo. Según él, si conociéramos a una persona realmente humilde, nunca saldríamos después de estar con ella pensando que es humilde. No nos estaría repitiendo constantemente que no es nadie (porque el que siempre dice que es un don nadie en realidad está obsesionado consigo mismo). Lo que recordaríamos de encontrarnos con una persona realmente humilde según el evangelio es el interés genuino que parecía tener en nosotros. Porque la esencia de la humildad del evangelio no es pensar más o menos de mí mismo; es pensar menos en mí mismo.

La humildad del evangelio implica no necesitar pensar en mí mismo. No necesitar conectar todo conmigo mismo. Termina con pensamientos como: «Estoy en esta habitación con estas personas. ¿Cómo se reflejará eso sobre mí? ¿Quiero estar aquí?». La verdadera humildad del evangelio significa dejar de conectar cada experiencia y cada conversación conmigo mismo. Es más: significa dejar de pensar en mí. La libertad de olvidarse de uno mismo. El bendito descanso que solo viene al olvidarse de uno mismo.

La verdadera humildad del evangelio implica un ego que no está inflado, sino lleno. Esto es algo completamente singular. ¿Nos referimos acaso a una autoestima alta? No. Entonces, ¿a una autoestima baja? Por cierto que no. No se trata de la autoestima. Pablo sencillamente se niega a jugar a eso. Dice: «No me importa su opinión, pero tampoco me importa demasiado la mía», y ese es el secreto.

Una persona verdaderamente humilde según el evangelio no es alguien que se detesta ni que se ama, sino una persona humilde según el evangelio. La verdadera persona humilde según el evangelio es alguien que se olvida de sí misma, cuyo ego es como los dedos de sus pies. Sencillamente, funciona. Pero no llama la atención sobre sí mismo. Los dedos simplemente funcionan; el ego simplemente funciona. Ninguno llama la atención.

Aquí tienes una pruebita. La persona que se olvida de sí misma nunca se sentiría particularmente herida por la crítica. No es algo que la devastaría ni que le quitaría el sueño; no le molestaría. ¿Por qué? Porque una persona a la cual la crítica la destroza está dándole demasiado valor a lo que los demás piensan, a la opinión de otras personas. El mundo le dice a la persona susceptible y devastada por la crítica que lidie con ella diciendo: «¿A quién le importa lo que *ellos* piensan? Yo sé lo que pienso. ¿A quién le importa lo que piensa la gentuza? No me afecta». A la gente o la destroza la crítica o no la destroza porque no la escucha. No la escucha ni aprende de ella porque no le importa. Esa persona sabe quién es y lo que piensa. En otras palabras, nuestra única solución a una baja autoestima es el orgullo. Pero esa no es ninguna solución. Tanto la baja autoestima como el orgullo son horribles estorbos para nuestro propio futuro y para todos los que nos rodean.

La persona que se olvida de sí misma es todo lo opuesto. Cuando alguien cuyo ego no está inflado sino lleno recibe crítica, esta no la destroza. La escucha y la considera una oportunidad para cambiar. ¿Te parece idealista? Cuanto más entendemos el evangelio, más queremos cambiar. Amigo, ¿no querrías ser la persona que no necesita honra, pero que tampoco le tiene miedo? ¿Alguien que no codicie el reconocimiento, pero que a su vez no esté aterrado de recibirlo? ¿No quisieras ser la clase de persona que, cuando se ve al espejo o reflejado en una vidriera, no admira lo que ve pero tampoco se encoge con rechazo? ¿No te gustaría ser la clase de persona que, en su vida imaginaria, no se quede sentada fantaseando con grandes logros de autoestima, soñando con éxitos que le permitan superar a otros? O tal vez tu tendencia es a rebajarte y atormentarte con reproches. ¿No quisieras ser libre de eso? ¿No te gustaría ser como el patinador que gana la medalla de plata, y se deleita en los saltos triples que hizo el que ganó la de oro? ¿Que te guste tanto como te gusta un amanecer? ¿Que te encante por el simple hecho de que haya pasado? Que no importe si es tu éxito o el éxito de otro. Que no importe si alguien más lo hizo o si tú lo hiciste. Te alegra tanto que el otro lo haya logrado como si tú mismo lo hubieras logrado, porque te hace feliz verlo.

Quizás digas que no conoces a nadie así. Pero esta es la posibilidad para ti y para mí si seguimos a Pablo. Puedo empezar a disfrutar de cosas que no se traten de mí. Mi trabajo no se trata de mí, mi deporte no se trata de mí, mi romance no se trata de mí, mi vida amorosa no se trata de mí. Puedo disfrutar las cosas por lo que son. No son simplemente para mi currículum. No sirven solo para quedar bien en mi solicitud a la universidad o a un trabajo. No son tan solo una manera de llenar el vacío. ¿No querrías eso? Esto no se encuentra en nuestro mapa. Esta es la humildad del evangelio, una bendita amnesia de uno mismo. No pensar más de mí mismo, como en las culturas modernas; ni menos, como en las culturas tradicionales. Sencillamente, pensar menos en mí.

3

Cómo obtener esa identidad transformada

¿Cómo consiguió Pablo esta bendita amnesia de sí mismo? Nos lo dice, pero tenemos que mirar con cuidado. Primero, expresa: «No me importa lo que ustedes piensan, pero tampoco me importa lo que yo pienso». En otras palabras, no busca el veredicto en ellos ni lo busca en sí mismo. Después, señala: «No estoy consciente de nada en contra mía; mas no por eso estoy sin culpa». La palabra traducida «sin culpa» viene de «justificar». La palabra «justificar» es la misma que usa en todo Romanos y Gálatas. Aquí, Pablo está diciendo que, incluso si su conciencia está limpia, eso no lo *justifica.*

Lo que Pablo está buscando, lo que Madonna está buscando, lo que todos estamos buscando es un veredicto *final* de que somos importantes y valiosos. Buscamos este veredicto supremo todos los días y en todas las situaciones y las personas que nos rodean. Y eso significa que cada día somos juzgados. Todos los días, nos volvemos a colocar en un tribunal. Pero ¿te das cuenta de cómo Pablo dice que no le importa lo que los corintios piensen de él o lo que cualquier tribunal humano piense de él? Es extraño que esté hablando de tribunales; después de todo, los corintios no son un tribunal. Creo que está hablando metafóricamente. Y está diciendo que el problema con la autoestima —sea alta o baja— es que, todos los días, estamos en el tribunal. Todos los días, somos juzgados. Así funciona la identidad de las personas. En el tribunal tenemos la fiscalía y la defensa. Y todo lo que hacemos provee evidencia para la fiscalía o evidencia para la defensa. Algunos días, sentimos que vamos ganando el juicio, y otros días, que vamos perdiendo. Pero Pablo dice que encontró el secreto. Para él, el juicio se acabó. Está afuera del tribunal. Se fue. Se terminó. Porque el veredicto *supremo* ya llegó.

¿Cómo puede ser? Pablo lo expresa en forma sencilla. Él sabe que ellos no pueden justificarlo. Sabe que él no puede justificarse. ¿Y qué dice? Que *el Señor* es el que lo juzga. Solo *Su* opinión es la que cuenta.

¿Te das cuenta que solo en el evangelio de Jesucristo se recibe el veredicto antes que el desempeño? El ateo tal vez diga que obtiene su autoimagen de ser una buena persona. Es una buena persona y espera que, a la larga, obtenga un veredicto que confirme eso mismo. El desempeño lleva al veredicto. Para el budista, el desempeño también lleva al veredicto. Si eres musulmán, el desempeño lleva al veredicto. Todo esto significa que cada día estás en el tribunal, cada día estás en juicio. Ese es el problema. Pero Pablo está diciendo que, en el cristianismo, el veredicto lleva al desempeño. No es el desempeño lo que lleva al veredicto. En el cristianismo, apenas creemos, Dios declara: «Este es mi Hijo amado en quien me he complacido».[1] O tomemos Romanos 8:1, que dice: «No hay ahora condenación para los que están en

Cristo Jesús». En el cristianismo, apenas creemos, Dios nos imputa el desempeño perfecto de Cristo como si fuera nuestro, y nos adopta a Su familia. En otras palabras, Dios puede decirnos lo mismo que le dijo a Cristo: «Tú eres mi Hijo, a quien amo; en ti me he complacido».[2]

Verás, el veredicto ya llegó. Y ahora me desempeño según ese veredicto. Como Él me ama y me acepta, no hace falta que haga cosas para abultar mi currículum. No hace falta que haga cosas que me hagan ver bien. Puedo hacerlas por el simple gozo de hacerlas. Puedo ayudar a las personas para ayudar a las personas; no para poder sentirme mejor respecto a mí mismo, no para poder llenar el vacío.

Con cualquier otra forma de identidad y cualquier otra «insignia» o premio que podamos otorgarnos, siempre se trata del veredicto que viene por el desempeño. Tal vez encontremos seguridad al catalogarnos como una buena persona, una persona libre, religiosa o moral. Sea lo que sea, siempre es lo mismo: el desempeño lleva al veredicto. Pero el veredicto nunca llega. Madonna lo dijo, y con conocimiento de causa. Madonna ha hecho cosas que tú y yo jamás haremos... y todavía no es suficiente. Tiene un talento impresionante, y muchísimas agallas. Pero incluso Madonna, a pesar de todo lo que ha hecho, dice que todavía no ha encontrado el veredicto supremo que está buscando. El desempeño nunca obtiene el veredicto supremo.

Pero en el cristianismo el veredicto puede darte el desempeño. Sí, el veredicto puede darte el desempeño. ¿Cómo puede ser? Aquí está la respuesta de Pablo:

ya salió del tribunal y del juicio. ¿Cómo? Porque Jesucristo fue juzgado en su lugar. Jesús fue al tribunal. Lo juzgaron. Fue un juicio injusto en una farsa de tribunal... pero no se quejó. Como un cordero ante sus trasquiladores, se quedó en silencio. Lo azotaron, lo golpearon y lo mataron. ¿Por qué? Fue nuestro sustituto. Él aceptó la condenación que merecíamos; enfrentó el juicio que debía ser nuestro para que no tuviéramos que enfrentar más juicios. Así que, sencillamente, debo pedirle a Dios que me acepte por lo que el Señor Jesús ya hizo. Entonces, la única persona cuya opinión cuenta me mira y me considera más valioso que todas las joyas de la tierra.

¿Cómo podemos preocuparnos por que nos desprecien ahora? ¿Cómo podemos preocuparnos por que nos ignoren ahora?

¿Cómo puede importarnos tanto el reflejo que vemos al mirarnos al espejo?

Permíteme decir algo para aquellos a quienes todo esto les resulta nuevo. Quizás desearías haberlo creído antes. Esto es lo que diría: algunas personas nunca entendieron la diferencia entre la identidad cristiana y cualquier otra clase de identidad. Se llaman cristianos, consideran que su conducta está en la parte más elevada de la escala, asisten a la iglesia y esperan que algún día Dios los lleve a casa. Permíteme decirte que la identidad cristiana opera de una manera completamente distinta de cualquier otra clase de identidad. Olvidarse de uno mismo nos *saca* del tribunal. El juicio se terminó. El veredicto llegó. Tal vez sea algo nuevo. Sigue buscando. Sigue excavando. Sigue haciendo preguntas. Queda mucho por descubrir. He abarcado mucho terreno en un espacio breve. Hay muchas piezas del rompecabezas para armar: ¿por qué Jesús tuvo que morir? ¿Por qué se levantó de los muertos? ¿Era realmente el Hijo de Dios? Sigue buscando hasta que entiendas el panorama completo.

Pero quizás estás en una postura diferente. Crees en el evangelio; tal vez hace muchos años que lo hagas. Pero —y es un «pero» importante— cada día te encuentras absorbido de regreso en el tribunal. No sientes que estés viviendo como Pablo dice. Te están volviendo a absorber. Lo único que puedo decirte es que tenemos que volver a vivir el evangelio cada vez que oramos. Tenemos que volver a vivirlo cada vez que vamos a la iglesia. Tenemos que volver a vivir el evangelio en el momento y preguntarnos qué estamos haciendo en el tribunal. No tendríamos que estar allí. Ya se levantó la sesión.

Al igual que Pablo, podemos decir: «No me importa lo que piensan. Ni siquiera me importa lo que yo pienso. Lo único que me importa es lo que el Señor piensa». Y Él ha dicho: «Por consiguiente, no hay ahora condenación para los que están en Cristo Jesús» y «Tú eres mi Hijo amado, en ti me he complacido».[3] Vive de acuerdo a eso.

Notas

[1] Mateo 3:17

[2] Marcos 1:11

[3] Romanos 8:1 y Marcos 1:11

Pensamientos y preguntas para reflexionar

- Si eres nuevo en el cristianismo, ¿por qué no lees el Evangelio de Marcos y le pides a Dios que te muestre la verdad sobre Jesús; en particular, Su muerte en la cruz? Si conoces a algún cristiano, tal vez podrías pedirle que te hable al respecto.

- Podrías usar las palabras del Salmo 139 en oración. Pídele a Dios que te muestre tu corazón. Pídele que te muestre los lugares donde buscas autoestima y las maneras en que intentas encontrar tu sentido de identidad.

> *Escudríñame, oh Dios,*
> *y conoce mi corazón;*
> *pruébame y conoce mis inquietudes.*
>
> *Y ve si hay en mí camino malo,*
> *y guíame en el camino eterno.*
>
> Salmo 139:23-24

- ¿Podrías explicarle a alguien más cómo el evangelio puede (y debería) transformar tu sentido de identidad? ¿Cuánto experimentas ese sentido transformado de identidad?

- ¿De qué maneras te ha animado o desafiado la Palabra de Dios? Ora al respecto.

- Ora para que Dios te dé lo que necesitas para permitirte desarrollar una verdadera humildad basada en el evangelio, y la libertad de olvidarte de ti mismo.

Notas

....

....

....

....

....

....

....

....

....

PASTOR

TIMOTHY KELLER

El pastor Timothy Keller es un reconocido teólogo con más de 40 años de experiencia en el campo de la teología cristiana. Sus escritos y enseñanzas abordan temas de gran relevancia al pensamiento cristiano actual, y son una herramienta valiosa para líderes y pastores que buscan profundizar en su comprensión de la fe cristiana y su aplicación en el mundo actual. Sin duda alguna, todo líder y pastor debería leer y estudiar las obras del pastor Keller, ya que son una fuente de inspiración y sabiduría para aquellos que desean fortalecer su fe y su capacidad de liderazgo en el mundo de hoy.

La oración
978-1-4336-4457-3

La predicación
978-1-4336-4521-1

Una fe lógica
978-1-4336-4455-9

¿Es razonable creer en Dios?
978-1-4336-4497-9

Para más información visita:
www.librostimkeller.lifeway.com